ANTROPOLOGÍA DE LOS CUIDADOS ENFERMEROS Y HEMODIALISIS

INDICE

1.- RESUMEN

2.- CULTURA DE CUIDADOS

    2.1.- Cuidado genérico
    2.2.- Cuidados profesionales
    2.3.- Cuidados profesionales enfermeros
    2.4.- Enfermería

3.- PLAN DE CUIDADOS DEL PACIENTE EN HEMODIALISIS

    3.1.- Introducción
    3.2.- Justificación
    3.3.- Objetivos

4.- DIAGNOSTICOS Y CUIDADOS

5.- BIBLIOGRAFIA

1.- RESUMEN

Este artículo tiene como objetivo describir la Antropología y los Cuidados en la Enfermería Comunitaria. Instrumento éste que las enfermeras de atención primaria utilizamos para cuidar, o hacer que la población se cuide, dado que la comunidad es el instrumento básico con el que la enfermera actúa y cuida.

Palabras clave: Antropología, enfermería.

Aunque el título de la mesa es Antropología de los cuidados, yo que soy un poco transgresor, me atrevo a añadir a este dos apellidos que según mi criterio van a facilitar el debate, Cultura y Enfermería Comunitaria. Ambos términos son inseparables de la Antropología Cuidados respectivamente.

Por lo cual el titulo de este apartado que a mi me toca en la mesa redonda podría ser "Antropología y la Cultura de los Cuidados en la Enfermería Comunitaria".

Para ello repasaremos someramente el origen y los conceptos del cuidado centrándome a continuación en la "cultura cuidadora" de la Enfermería Comunitaria y su realidad actual.

Pues bien, si recordamos lo que hace la Diaconisa Febe, la actividad de las Hermanas de la Caridad de Vicente Paul, de lo que hace E Nightingale hasta nuestros días, podremos afirmar que estas actividades que se realizadan para cubrir las necesidades de salud de la vida cotidiana de las personas sanas o enfermas, las llamamos cuidados, ya sean autocuidados cotidianos, cuidados enfermeros o simplemente cuidados.

Florence Nightingale

Dice Carmen Domínguez que los cuidados son una práctica normal y unos conocimientos ligados a las formas de vida, considerándose estos inseparables a la noción de supervivencia de los seres humanos (1).

Asimismo para Siles los cuidados de salud son, "antropológicamente desde sus orígenes más remotos, se organizan para cubrir la necesidad de alimentación, lactancia y crianza, que determina el desarrollo cultural de los grupos humanos" (2).

Browe indica que "cuidar es una actitud antropológica antes que una técnica; el que la adopta no pretende irrumpir agresivamente en la realidad técnicamente sino dejarla ser" (3).

Leininger afirma: "El constructo del cuidado se ha manifestado durante millones de años como fundamental, en el crecimiento, desarrollo y supervivencia de los seres humanos" (3).

Como se puede observar en esta serie de consideraciones, el cuidado desde una perspectiva antropológica siempre esta presente. Desde los orígenes de la humanidad como anteriormente se apuntaba, los cuidados están relacionados con la protección de la salud. Probablemente sean el factor esencial que más asistió al hombre en su evolución cultural, aunque sea uno de los elementos de menor consideración social, esto podría ser otro interesante motivo de análisis y discusión, que nonos ocupa en este momento.

2.- CULTURA DE LOS CUIDADOS

Nadie o casi nadie, pone en tela de juicio que F. Nigthingale desarrolla los medios teóricos de lo que es, o tiene que ser la acción de cuidar. Desde ese momento hasta nuestros días, es Leininger quien principalmente diferencia y estudia los distintos niveles del cuidar. No existía una distinción entre lo que es el cuidado genérico y el cuidado profesionalizado, aunque en la literatura científica se defines mas frecuentemente lo que son los cuidados enfermeros.
Los ya citados niveles según Leininger son los siguientes:

2.1.- Cuidado genérico son aquellos actos de asistencia soporte o facilitación prestados a individuos o grupos con necesidades evidentes y orientados a la mejora y el desarrollo de la condición humana.

2.2.- Cuidados profesionales son aquellas acciones, conductas, técnicas, procesos o patrones aprendidas, cognitiva o culturaímente, que permiten o ayudan a un individuo, familia o comunidad a mantener o desarrollar condiciones saludables de vida.

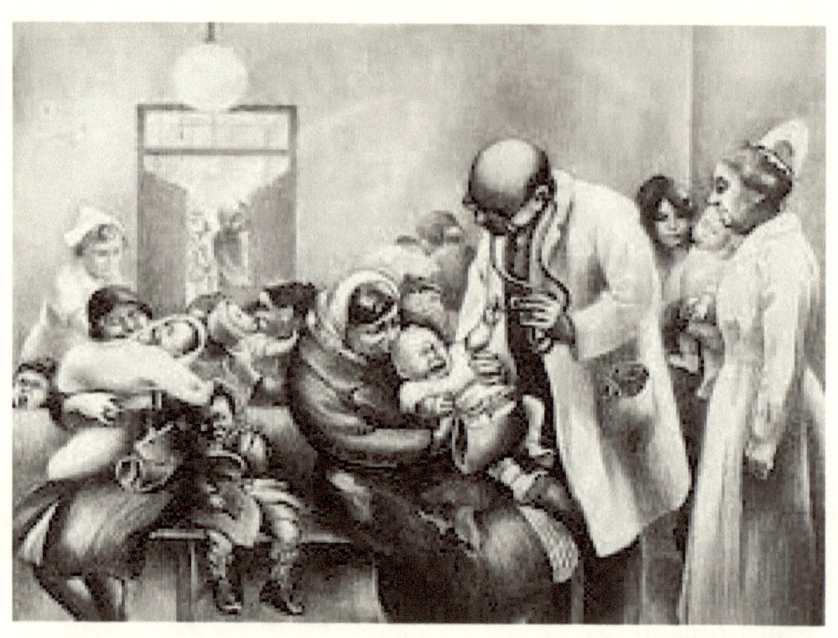

2.3.- Cuidados profesionales enfermeros son aquellos modos humanísticos y científicos, aprendidos
cognitivamente, de ayudar o capacitar a individuos, familias o comunidades para recibir servicios personalizados a través de modalidades, culturalmente
determinadas, técnicas y procesos de cuidados orientados al mantenimiento y desarrollo de condiciones favorables de vida y de muerte" (3) .

Concha Germán definen los cuidados enfermeros
como las actividades que llevamos a cabo para cubrir las necesidades de la vida cotidiana de las

personas. Cuando estas son realizadas por las propias personas las llaman autocuidados(4).

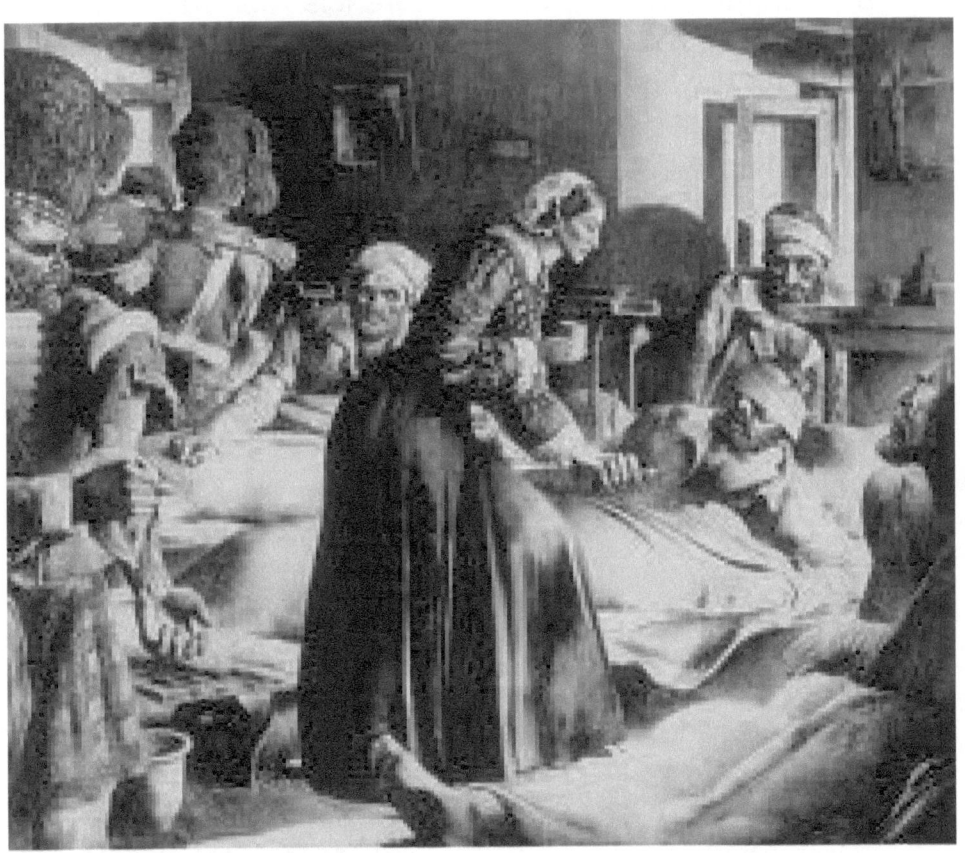

Como bien dice José Luis Medina en su reciente publicación La Pedagogía del Cuidado, "cuando se proporcionan cuidados profesionales el cuidador ejecuta acciones intencionales basadas en un conjunto de saberes usados para asistir a las

personas que reciben la asistencia (trabajadores sociales, educadores en general)" y continua diciendo al referirse a Leininger, "el cuidado profesional enfermero se diferencia del resto de cuidados profesionales en el mantener y desarrollar la salud y el bienestar de las personas con acciones intencionadas y fundadas en un cuerpo de saberes que se suponen pueden ser enseñadas y aprendidas, añadiendo cierta destreza distintiva y complejidad en esas acciones de soporte y ayuda que son propias de los seres humanos. A la noción de cuidado de Leininger se asocian ideas como empatia, compasión, presencia, alivio, compromiso, soporte, confianza, estímulo, implicación, restauración,
protección contacto físico".(3)

Vamos en este momento a recordar, para centrarnos un poco más al tema, que *Antropología* es la ciencia que trata de los aspectos biológicos del hombre y de su comportamiento como miembro de una sociedad. (5)

Al comienzo mencionaba que la antropología era inseparable de la **Cultura** que según la clásica definición de Tylor, esta es un todo complejo que incluye conocimientos, creencias, artes, leyes, costumbres y toda la serie de capacidades y hábitos que el hombre adquiere en tanto que miembro de una sociedad(6) .

O también, según Perdiguero, es el conjunto de reglas o guías de comportamiento aprendidos, compartidas y simbólicamente transmitidas. (7).

Veamos ahora que entendemos por Enfermería Comunitaria para observar el paralelismo entreuna ciencia y otra.

La Asociación de Enfermería Comunitaria *A.E.C.* define esta como la disciplina que desarrollan los enfermeras/os generalistas, basada en la aplicación de los cuidados, en la salud y en la enfermedad, fundamentalmente al núcleo familiar y la comunidad, en el marco de la Salud Pública.

Pretendiendo contribuir de forma específica a que
las personas, la familia y la comunidad adquieran.

• Cultura de los Cuidados: habilidades, hábitos y conductas que promuevan su autocuidado.

2.4.- Enfermería Comunitaria. Según la OMS es un servicio que presta cuidados de fomento, prevención, mantenimiento, recuperación, rehabilitación y cuidados de personas terminales luera del hospital y se refiere al personal de enfermería que presta sus servicios en el nivel asistencial y allí donde se encuentre la comunidad de una manera natural, es decir en su lugar de trabajo, hogar, barrio, escuela.

La Organización Panamericana de la salud en 1976, tomo como marco de reierencia para la enseñanza y la práctica de la Enfermería Comunitaria la siguiente definición:

La Enfermería Comunitaria tiene como sujeto a la comunidad global y sus acciones están dirigidas a la población como un todo. En su ejercicio integra los conceptos y métodos de las ciencias de la salud pública con los de la enfermería para promover proteger, prevenir, mantener y restaurar la salud de la comunidad.

Utiliza el método epidemiológico en sus actividades con la comunidad con el fin de contribuir en la identificación de las necesidades de la salud y para vigilar su tendencia en las poblaciones.

Identifica por medio del diagnóstico grupos y conjunto de individuos expuestos a los mismos factores y comparten las mismas necesidades de salud.

Determinan las necesidades existentes y previstas
en la planificación de servicios y evalúa su eficacia. Asimismo planifica y ejecuta acciones de prevención en sus tres niveles Busca conseguir la participación de la comunidad en la ejecución de programas relacionados con la salud y el bienestar de la población.(8).

Una vez analizado lo que son los cuidados, es necesario definir también que se entiende por salud, término de uso común relacionado estrechamente con la enfermera comunitaria.

Aunque la OMS entiende la salud como no solo la ausencia de enfermedad si no el completo bienestar biológico psicológico y social (9), hasta llegar a esa acepción, hay una larga andadura de dicho concepto en cada sociedad o en cada cultura. Se consideran unos comportamientos saludables o no de acuerdo a las concepciones que paulatinamente la comunidad asume como tales. Los pueblos en su propia cultura van definiendo lo que entienden por salud o lo que no lo es.

Todas las civilizaciones a los largo de su historia van organizándose para proteger su salud tanto de forma individual como colectiva, buscando la forma de satisfacer las distintas necesidades que se alteran y le producen problemas(IO).

Una vez revisado diferentes estudios sobre las concepciones de enfermería comunitaria, cuidados, antropología, cultura, vamos a hacer una referencia al desarrollo cotidiano de la Enfermera Comunitaria en nuestro estado. Para ello, no debemos dejar de hacer mención a la *consulta de enfermería,* entendiendo esta, como la actividad o dictamen que presta o da el enfermero/a sobre los cuidados encaminados a satisfacer necesidades de salud de las personas sanas o enfermas, individual o colectivamente.(II) Donde se cuidan a grupos de ancianos, niños y mujeres sanos o enfermos, agudos o crónicos, de forma individual o en grupo. Sin olvidar, como bien analiza la señora Alberdi, que siguen coexistiendo diferentes subsistemas de enfermería dentro de nuestra actividad cotidiana (12).

Aunque no existe todavía un único modelo de Enfermería Comunitaria lo suficientemente estandarizado en nuestro Estado, si existen experiencias que se van homogeneizando esta situación, véanse las desarrolladas en Jaén sobre modelos de enfermería comunitaria (13), en Navarra con la implantación de la Consulta de Enfermería(14), en Canarias con la implantación de la Enfermera de Enlace(15).

En este ámbito de actuación cada actividad enfermera lleva implícito un análisis previo de la situación socio sanitaria, una conclusión o diagnóstico
enfermero, además de la propia acción que va determinada por la aplicación del cuidado educativo, la ayuda, la integración en el medio laboral, familiar y social. Sin olvidar lo que Colliére llama los cuidados invisibles, que son las acciones que acompañan, que van mas allá del acto mismo de cuidar (16).

Para entender nuestra situación de cuidadores, tampoco debemos olvidar, que la estructura donde discurre la actividad cotidiana de nuestro trabajo comunitario es la zona básica de salud(17), que es la unidad básica de asistencia de nuestro sistema sanitario actual.

El trabajo se realiza con un equipo de salud multidisciplinar donde, como anteriormente citaba, se hace el seguimiento de las personas sanas o con problemas de salud agudos y mayoritariamente crónicos. Para poder tener una visión más completa de nuestros clientes y sus familias acudimos a los domicilios, donde podremos determinar mejor los condicionantes y recursos con los que podemos contar para cuidar o que se autocuiden nuestros pacientes.

Otra de las vertientes que completa nuestro trabajo es la *intervención directa con la comunidad,* donde incluimos no solo las acciones individuales o familiares sino también las actividades con los grupos sociales donde nuestra acción esta relacionada con actividades de promoción y prevención de la salud, buscando ese entramado llamado redes de apoyo social que no son otra cosa "que el conjunto de recursos comunitarios de los que esta dispone para su desarrollo individual y de grupo, lo que busca es favorecer la participación de todos, que cada uno se sienta útil y reconocido" (4).

Estas redes pueden ser primarias, secundarias y terciarias, según los componentes que las forma, ya sea el entorno familiar, (familia, vecinos, amigos, etc.), organizaciones no gubernamentales, (grupos de autoayuda, asociaciones de vecinos, etc.), o los apoyos institucionales, (sean sanitarios, servicios sociales etc.).

Después de este somero repaso y para concluir, podemos decir que los cuidados en general, y en particular los aplicados por la enfermera Comunitaria, tienen una íntima relación con la cultura, o mejor dicho, que éstos, forman parte del "conjunto de reglas o guías de comportamiento aprendidas, compartidas y simbólicamente transmitidas"^) que a los largo de la historia van realizando los distintos pueblos, en este caso en forma de cuidados, para proteger su salud tanto de forma individual como colectiva.

De ahí la importancia que tiene el profundizar en el cuidado enfermero en general y en particular en el que aplica la enfermera Comunitaria, pudiendo servirse de la Antropología aplicada pues existe una coincidencia de "intereses" ya que esta disciplina estudia lo que la Enfermería Comunitaria necesita conocer que no es otra cosa que "los procesos de cambio socio-cultural que ocurren en las relaciones humanas, estableciendo los principios que las rigen, los factores que restringen las posibilidades de un cambio en la organización humana y se preocupa de los aspectos éticos de las poblaciones, buscando lograr cambios de comportamiento con los que atenuar problemas sociales, económicos, tecnológicos, planificando mejoras en la agricultura, pesca, ganadería, sistema educativo, sanitario, etc.. para proporcionar un desarrollo comunitario" (18).

3.- PLAN DE CUIDADOS DEL PACIENTE EN HEMODIÁLISIS

3.1.- Introducción:

El paciente afecto de IRC y en tratamiento con Hemodiálisis, por su especial idiosincrasia, por el cambio de vida tan intenso, tanto en el aspecto físico como en el psíquico y social en el que se ve involucrado, necesita de unos cuidados muy específicos y en constante actualización y mejora.

El avance tecnológico está en intima y estrecha relación con el tratamiento diario de estos pacientes, por lo cual es imprescindible para el personal de enfermería poseer un buen instrumento de trabajo con un amplio margen de variación en función de las necesidades que se registren.

Definición: Se puede definir la insuficiencia renal como la pérdida total o parcial de la capacidad de la funcionalidad renal.

3.2.- Justificación:

Este plan de cuidados esta destinado al grupo de pacientes relacionados por "Insuficiencia Renal Crónica" (IRC) en Tratamiento Renal Sustitutivo mediante Hemodiálisis. En España, según el Informe 2003 del Registro Básico del Subsistema de IRC hay 332 centros repartidos entre la Unidades de Crónicos, Unidades de Hospitalización y Centros Concertados en los que se atienden a 34.136 pacientes de una población de 40.847.371 (1).

Como parte del Proceso Asistencial Integrado del Tratamiento sustitutivo de la Insuficiencia Renal Crónica: Diálisis y Trasplante de la Consejería de Salud de nuestra Comunidad Autónoma, así como en el "Protocolo de atención al paciente en tratamiento con Hemodiálisis" de la SEDEN, se contempla la aplicación del "Plan de cuidados de enfermería al paciente en Hemodiálisis", que estamos desarrollando en nuestra Unidad de Diálisis, utilizando el proceso enfermero y las taxonomías NNN como soportes básicos.

3.3.- Objetivos:

a) Creación del plan de cuidados para pacientes en Hemodiálisis diferenciando los diagnósticos enfermeros mas representativos. Considerando que con las mismas intervenciones podemos solucionar total o parcialmente mas de un diagnostico, se han reducido los D. E. a los necesarios para que nos permitan actuar con la mayor eficiencia en la Unidad de Diálisis. Sin embargo los D. E. aquí establecidos no son excluyentes del resto de los establecidos por la NANDA, siendo el enfermero suficiente, ante un problema real o potencial de
salud, para establecer cualquier otro diagnostico que corresponda según la taxonomía NANDA.. utilizando las clasificaciones NANDA-NOC-NIC.

b)Estructurar el proceso enfermero en función del paciente y cuidador principal.

c) Homogeneizar la actuación de los profesionales de enfermería y descender
la variabilidad con la utilización de un soporte estructurado.

4.- DIAGNOSTICOS Y PLAN DE CUIDADOS DEL PACIENTE EN HEMODIÁLISIS

La insuficiencia renal crónica (IRC) se define como la perdida irreversible del filtrado glomerular (FG). En las fases iniciales, los pacientes suelen permanecer asintomáticos. Cuando el FG es inferior a 30 ml/min pueden aparecer ciertos síntomas como cansancio y perdida de bienestar en relación con la anemia, así como alteraciones metabólicas (acidosis) y del metabolismo fosfocálcico. Por debajo de 15 ml/min es frecuente la aparición de síntomas digestivos (nauseas, perdida de apetito) y, en fases mas tardías, de síntomas cardiovasculares (disnea, edemas) y neurológicos (dificultad para concentrarse, insomnio o somnolencia). La fase de IRC Terminal (IRCT) se alcanza con FG inferiores a 5 ml/min, momento en el que el uso de la diálisis es inevitable. (4)

Definición funcional: Proceso médico-quirúrgico por el que un paciente afecto de insuficiencia renal crónica avanzada es evaluado e incluido, si procede, en diálisis y/o lista de espera para recibir un trasplante renal de donante vivo o cadáver y seguido de manera continua con los objetivos de aumentar su supervivencia y mejorar su calidad de vida.(3)

Limites de entrada: Evaluación de un paciente con IRC candidato a tratamiento sustitutivo, entendiéndose por tal al paciente con ClCr<20 ml/min y/o Cr plasmática>4 mg/dl y ecografía renal con riñones de características crónicas. (3)

Limites finales: Contraindicación para tratamiento renal sustitutivo. Éxitus.(3)

Durante la última década, la extensión y mejora de los procedimientos sustitutivos de la función renal ha permitido en muchos países del mundo occidental, universalizar su aplicación. Aun cuando en la actualidad no existen contraindicaciones absolutas para la instauración de diálisis, un porcentaje significativo de pacientes potencialmente tratables sigue sin ser incluido. Entre las razones que se consideran éticamente aceptables para la no inclusión en programa están:

a) la demencia grave e irreversible (Alzehimer, demencia multinfarto).

b) las situaciones de inconsciencia permanente (estados vegetativos persistentes).

c) los tumores con metástasis avanzados, sobre todo en pacientes con dolor intenso, permanente y no controlable, en los que la diálisis puede alargar la vida durante un cierto periodo de tiempo a costa de prolongar el sufrimiento.

d) la enfermedad pulmonar, hepática o cardiaca en estadio terminal (pacientes encamados o limitados al sillón y que precisan ayuda para actividades diarias, como el aseo personal).

e) la incapacidad mental grave que impide cooperar con el procedimiento de la diálisis (p. ej. enfermos psiquiátricos que requieren inmovilización o sedación durante cada sesión de diálisis).

f) los paciente hospitalizados (sobre todo ancianos) con fallo multiorgánico que persiste después de 2 o 3 días de tratamiento intensivo.

La decisión final sobre la inclusión o no en el programa de diálisis corresponde al paciente (o a su familia si el paciente no está capacitado para tomar decisiones), quien debe ser debidamente informado sobre los beneficios y los riegos esperables en su caso.

Limites marginales: – Trasplante en la edad pediátrica.– Trasplante combinado.– Diálisis en la edad pediátrica– Técnicas especiales de diálisis. (3)

Metodología: Trabajo de revisión que combina la experiencia profesional (enfermeras con mas de 10 años de experiencia en Hemodiálisis así como en la aplicación de planes de cuidados, con miembros de la comisión de planes de cuidados de este hospital) con la revisión bibliográfica y con encuestas a grupo de enfermeras expertas en Hemodiálisis.

Consideraciones Generales: El riñón tiene entre sus funciones las siguientes:

-Formación de orina. Control hemodinámico de la presión arterial. Mantener el equilibrio hidroelectrolítico (sodio, potasio) y regular el equilibrio ácidobase.

-Regular la actividad de la vitamina D y participar en el metabolismo del calcio. Estimular la producción de eritrocitos mediante la secreción de eritropoyetina.

-Sintetizar glucosa a partir de aminoácidos durante el ayuno prolongado y participar en el catabolismo de la insulina.

La valoración y el estudio de signos y síntomas como hipertensión arterial, edema, proteinúria, hematuria y cambios en la regulación y composición de los líquidos corporales se hace mediante el examen físico, las pruebas de función renal, radiodiagnósticos y biopsia renal para confirmar la causa y valorar la gravedad, pronóstico y posibilidades de tratamiento del enfermo agudo y del enfermo crónico terminal. La diálisis elimina los productos de desecho metabólico a través de membranas semipermeables como el peritoneo (D.P.) o de filtros que separan la sangre del líquido dializante (H.D.). Los principios que fundamentan la diálisis son la difusión y ultrafiltración de los solutos y el agua; el movimiento de solutos es directamente proporcional al gradiente de concentración existente a ambos lados de la membrana, el cual se manipula variando la composición del líquido de diálisis. La difusión se define por la permeabilidad, espesor y área de superficie de la membrana y la ultrafiltración por gradientes de presión osmótica e hidrostática. (2)

Hoja de soporte del Plan de Cuidados

NANDA	NOC/Criterios de resultados	NIC/Actividades
00146 – Ansiedad R/C Amenaza de cambio en el estado de salud M/P Síntomas fisiológicos, conductuales, cognitivos y afectivos.	1402 · Autocontrol de la ansiedad Busca información para reducir la ansiedad. Ausencia de manifestaciones de una conducta de ansiedad. Controla la respuesta de ansiedad	4920 · Escucha Activa Aclarar el mensaje mediante el uso de preguntas y retroalimentación Favorecer la expresión de sentimientos 5820 · Disminución de la Ansiedad Animar la manifestación de sentimientos, percepciones y miedos Proporcionar información objetiva respecto d[el] diagnostico, tratamiento y pronostico

00069 · Afrontamiento inefectivo R/C Falta de confianza en la capacidad para afrontar la situación; Alto grado de amenaza. M/P Falta de conductas orientadas al logro de objetivos o a la resolución des problemas.	1300 · Aceptación: Estado de Salud Renuncia al concepto previo de salud; Reconocimiento de la realidad de la situación de salud; Se adapta al cambio en el estado de salud	5230 · Aumentar el afrontamiento Proporcionar al paciente información objetiva respecto del diagnostico, tratamiento y pronostico Alentar una actitud de esperanza realista como forma de manejar los sentimientos de impotencia
		5606 · Enseñanza: Individual Establecer metas de aprendizaje mutuas y realistas con el paciente; Instruir al paciente y si es posible al cuidador.
00061 · Cansancio en el rol de cuidador. R/C Enfermedad crónica de IRCT; Brindar los cuidados durante años. M/P Actividades: Dificultad para completar o llevar a cabo las tareas requeridas. Emocional: Afrontamiento individual deteriorado.	2508 · Bienestar del cuidador principal Satisfacción con la realización de los roles habituales Satisfacción con el apoyo profesional Capacidad para el afrontamiento	7040 · Apoyo al cuidador principal Estudiar junto con el cuidador los puntos fuertes y débiles Reconocer la dependencia que tiene el paciente del cuidador. Determinar la aceptación del cuidador de su papel Enseñar al cuidador estrategias de mantenimiento de cuidados sanitarios para sostener la propia salud física y mental Enseñar al cuidador la terapia del paciente de acuerdo con las preferencias del paciente.

Diagnóstico	NOC	NIC
00046 - Deterioro de la integridad cutánea. R/C Factores mecánicos: Hematomas repetidos. Zona de punción repetidas. Vías centrales. Sustancias químicas M/P Alteración de la superficie de la piel	1105 - Integridad del acceso de diálisis. Flujo de volumen de sangre a través del shunt/fístula Soplo Coloración cutánea periférica distal	3660 - Cuidados de las heridas. Administrar cuidados en la zona de punción Proporcionar cuidados en el sitio de la vía venosa central, si es necesario 2316 - Administración de medicación tópica. Aplicar el fármaco tópico según este prescrito. Controlar si se producen efectos locales, sistémicos y adversos a la medicación.
00025 - Riesgo de desequilibrio de volumen de líquidos, R/C Edemas periféricos, Disnea, Aumento de peso excesivo interdiálisis	0601 - Equilibrio hídrico Presión arterial; Entradas y salidas diarias equilibradas; Peso corporal estable; Edema periférico 1902 - Control de riesgo Reconoce los factores de riesgo Sigue las estrategias de control de riesgo seleccionadas Modifica el estilo de vida para reducir el riesgo	4120 - Manejo de líquidos Pesar a diario y controlar la evolución Observar signos de sobrecarga/ retención de líquidos Realizar un registro preciso de ingesta y eliminación Vigilar el estado de hidratación (membranas mucosas, pulso adecuado y presión sanguínea ortostática). Controlar los cambios de peso antes y después de la diálisis; Monitorizar signos vitales, si procede Distribuir la ingesta de líquidos en 24 horas si procede Monitorizar el estado nutricional
00004 - Riesgo de infección. R/C Procedimientos invasivos: fístulas arteriovenosas, vías centrales (transitorias o permanentes); portadores de estafilococo aureus; déficit de higiene.	1902 - Control de riesgo Reconoce los factores de riesgo Sigue las estrategias de control de riesgo seleccionadas Modifica el estilo de vida para reducir el riesgo	6540 - Control de infecciones Limpieza de la piel del paciente con un agente antibacteriano, si procede. Instruir al paciente y a la familia acerca de los signos y síntomas de infección y cuando debe informarse de ellos al cuidador. Mantener un sistema cerrado mientras se realiza la monitorización hemodinámica invasiva. Enseñar al paciente y a la familia a evitar infecciones

NANDA	NOC	NIC
00126 - conocimientos deficientes de IRCT y su plan terapéutico en hemodiálisis R/C Falta de exposición, mala interpretación de la información y limitación cognitiva M/P Verbalización del problema. Seguimiento inexacto de las intrucciones	1803 - Conocimiento del proceso de la enfermedad. Descripción del proceso de la enfermedad. Descripción de la causa o factores contribuyentes. Descripción de los efectos de la enfermedad Descripción de las precauciones para prevenir complicaciones	5606-Enseñanza: individual Determinar el nivel actual de conocimientos y comprensión de contenidos del paciente; establecer metas de aprendizaje mutuas y realistas con él; Instruirle cuando corresponda; Instruir al cuidador si es posible
		5602-Enseñanza: Proceso de Enfermedad Explicar la fisiopatología de la enfermedad y su relación con la anatomía y la fisiología. describir el proceso de la enfermedad. Remitir al paciente a los centros/grupos de apoyo comunitarios
	1802- Conocimiento de la dieta Descripción de la dieta recomendada. Descripción de las ventajas de seguir la dieta recomendada. Descripción de las comidas que deben evitarse. descripción interacciones de los medicamentos con la comida	5614- Enseñanza: dieta prescrita Explicar el propósito de la dieta Proporcionar un plan escrito de comidas si procede enseñar a leer las etiquetas y seleccionar los alimentos adecuados. Ayudar al paciente a acomodar sus preferencias de comidas en la dieta prescrita. enseñar al paciente a planificar las comidas adecuadas enseñar al paciente a llevar un diario de comidas, si resulta posible
	1808-Conocimiento de la medicación descripción de las acciones de la medicación. Descripción de la administración correcta de la medicación	5616-Enseñanza: medicamentos prescritos. Instruir al paciente acerca de la administración/aplicación de cada medicamento. Enseñar al paciente a realizar los procedimientos necesarios antes de tomar la medicación (comprobar pulso, nivel de glucosa), si es el caso. Instruir al paciente acerca de los posibles efectos secundarios adversos de cada medicamento.

1814 -Conocimiento: Procedimientos terapéuticos descripción del procedimiento terapéutico Descripción del propósito del procedimiento. descripción de las precauciones de la actividad. Descripción de los posibles efectos indeseables. Descripción de las acciones apropiadas durante las complicaciones	5618 - Enseñanza Procedimiento/Tratamiento Informar al paciente del propósito y actividades del tratamiento/procedimeinto Informar al paciente sobre la forma en que puede ayudar en la recuperación. Explicar el procedimiento/tratamiento explicar la necesidad de ciertos equipos (dispositivos de monitorización) y sus funciones Obtener el consentimiento informado del paciente del procedimiento/tratamiento de acuerdo con la política del centro. Discutir la necesidad de medidas especiales durante el procedimiento/tratamiento. Enseñar al paciente como cooperar/participar durante el procedimiento/tratamiento Discutir tratamientos alternativos, si procede.

Discusión y conclusiones: La planificación de cuidados bajo el Proceso Enfermero y la utilización de las Taxonomías NANDA-NOC-NIC aporta:

1.- Unifica criterios adaptándolos a las normativas de taxonomía NANDA, NOC y NIC.

2.- Evidencia y refleja la eficacia de la labor de enfermería en el funcionamiento de la Unidad de Hemodiálisis

3.- Garantiza la atención integral al paciente, la continuidad de cuidados y seguimiento diario, trasmitiendo seguridad y confianza a este, tanto en su relación con los profesionales sanitarios, como en la aceptación de su enfermedad.

4.- Mayor satisfacción del personal enfermero por su participación activa que ve facilitada su labor en el seguimiento diario y aplicación de cuidados.

Escala de medida de los Criterios de Resultado

Criterio	1	2	3	4	5
1300 - Aceptación del estado de salud. 1402 - Autocontrol de la ansiedad 1902 - Control de riesgo	Nunca demostrado	Raramente demostrado	A veces demostrado	Frecuent demostrado	Siempre demostrado
2508 - Bienestar del cuidador principal	No del todo satisfecho	Algo satisfecho	Moderad satisfecho	Muy satisfecho	Completamen satisfecho
1802 - Conocimiento de la dieta 1808 - Conocimiento de la medicación 1803 - Conocimiento: Proceso de la enfermedad RCT 1814 - Conocimiento: Procedimientos terapéuticos de la Hemodiálisis	Ninguno	Escaso	Moderado	Sustancial	Extenso
0601 - Equilibrio hídrico 1105 - Integridad del acceso de diálisis	Gravemente comprometid	Sustancialm comprometid	Moderada comprometi	Levemente comprometi	No comprometi

Cronograma de Intervenciones de Enfermería

Cod	Intervención	1ªDial.	2ªDial	3ªDial	2ªSem	3ªSem	4ªSem	5ªSem	XSer
2316	Administración de Medicación tópica								
7040	Apoyo al cuidador								
5230	Aumentar el afrontamiento								
6540	Control de Infecciones								
3660	Cuidados de las Heridas								
5820	Disminución de la Ansiedad								
5614	Enseñanza: Dieta prescrita								
5606	Enseñanza: Individual								
5616	Enseñanza: Medicamentos Prescritos								
5618	Enseñanza: Procedimiento / Tratami..								
5602	Enseñanza: Proceso de Enfermedad								
4920	Escucha Activa								
4120	Manejo de líquidos								
4010	Precaución con Hemorragias								

Grado de la intervención

	Intervención extensa: Realizar más de una vez las actividades, de manera marcada
	Intervención moderada: Realizar las actividades de una manera normal
	No intervención
	Según necesidad: Cuando el paciente o la circunstancia lo requiera

5.- Bibliografía

1. -Sociedad Española de Nefrología - "Unidad de Información de Registro de Enfermos renales" (Febrero-2006). Véase en: http://www.senefro.org/modules/subsection/files/informe_170206.pdf?check_idfile=1255 (Cons. el 17/04/06)
2.- Sociedad Española de Enfermería Nefrológica (SEN). Normas de Actuación Clínica en Nefrología (NAC). Tratamiento Sustitutivo de la Insuficiencia Renal Crónica. Ed. Hartcourt-España SA. Madrid-1999.
3.- Proceso Asistencial. Tratamiento Sustitutivo de la Insuficiencia Renal Crónica: Diálisis y Trasplante. SAS, Consejería de Salud. Junta de Andalucía. Sevilla 2005.
4.- Margarita Maria Vélez Peláez. "Plan de Cuidados de Enfermería al Enfermo con Insuficiencia Renal" Véase en: http://tone.udea.edu.co/revista/ sep95/Planrenal.htm (consultado el 17/04/06)
5.- Servicio Andaluz de Salud - Consejería de Salud. NANDA Internacional. "Diagnósticos enfermeros: Definiciones y clasificaciones 2003-2004". Ed.Elsevier. Madrid 2004.
6.- Sue Morread, Marion Johnson y Merodean Maas. Proyecto de resultados Iowa. "Clasificación de Resultados de Enfermería" (NOC) Tercera Edición. Ed.Elsevier. Madrid 2005.
7.- Joanne C. McCloskey y Gloria M. Bulechek. Proyecto de Intervenciones Iowa. "Clasificación de Intervenciones de Enfermería" (CIE). Cuarta edición. Ed.Elsevier. Madrid 2005.
8.- Esther Salces Sáez. Mª del Carmen del Campo Romero. Mª del Carmen Carmona Valiente. Jose Luis Fernández Garcia, Jose Javier Fernández Montero.

Agustín Ramírez Rodríguez. "Guía de Diagnósticos Enfermeros del Paciente en Hemodiálisis" (Interrelaciones NANDA-NOC-NIC). Ed. Grupo 2 Comunicación Medica. Madrid 2005
Consejería de Salud. Plan de Cuidados Estandarizado. Conserjería de Salud, junta de Andalucía. Sevilla 2005. Véase en http://www.juntadeandalucia.es/salud/library/plantillas/externa.
asp?pag=\salud\contenidos\webprocesos\planescuidados\pdf\8.- Plan%20Pluripatologico.pdf (visitado el 17/04/06)
9.- Hospital Universitario Reina Sofía. Planificación de Cuidados. Véase en: http://www.juntadeandalucia.es/servicioandaluzdesalud/hrs/enfermeria/ 2006/planes_cuidados.htm (visitado el 17/04/06

www.ingramcontent.com/pod-product-compliance
Lightning Source LLC
Chambersburg PA
CBHW021855170526
45157CB00006B/2457